Gottfried Berron

Albert Schweitzer

Erlesenes

SKV-Edition · 7630 Lahr

Wir danken den folgenden Verlagen für die Genehmigung des Abdrucks aus ihren Werken:
Albert Schweitzer, »Aus meiner Kindheit und Jugendzeit«.
C. H. Beck'sche Verlagsbuchhandlung, München
Albert Schweitzer, »Kultur und Ethik«, Sonderausgabe.
C. H. Beck'sche Verlagsbuchhandlung, München, 1960
Albert Schweitzer, »Aus meinem Leben und Denken«.
Felix Meiner Verlag, Hamburg, 1956
Albert Schweitzer, »Afrikanische Geschichten«.
Felix Meiner Verlag, Hamburg, 1950

CIP-Kurztitelaufnahme der Deutschen Bibliothek:

Schweitzer, Albert:
Albert Schweitzer: Erlesenes / Gottfried Berron. – Lahr: SKV-Edition, 1986.
(Goldene Großdruckreihe; Nr. 712)
ISBN 3-87729-308-5
NE: Berron, Gottfried [Hrsg.]; HST; GT

ISBN 3 87729 308 5
Goldene Großdruckreihe Nr. 92 712
Umschlagbild: J. Wehrle
Innenbilder: Ewers, Franz Frankl, A. Köhler, F. Bayerlein, Dardo Gattelli, H. Dieter, A. Kunze, R. Guba, R. Kühnle, W. Herrmann

Gesamtherstellung:
St.-Johannis-Druckerei C. Schweickhardt, 7630 Lahr
Printed in Germany 896/1986

Aus Kindheit und Jugendzeit

Auf die Schulzeit habe ich mich nicht gefreut. Als mein Vater mir an einem schönen Oktobertage zum ersten Mal die Schiefertafel unter den Arm gab und mich zur Lehrerin führte, weinte ich den ganzen Weg lang. Ich ahnte, daß es mit dem Träumen und der herrlichen Freiheit zu Ende sei.

Auch später hat sich mein Ahnen nie von dem schönen Schein, in dem sich das Neue darbot, blenden lassen. Immer bin ich ohne Illusionen in das Unbekannte hineingestiegen.

Einen großen Eindruck machte mir die erste Visitation des Schulinspektors, und zwar nicht nur deswegen, weil die Lehrerin vor Aufregung mit den Händen zitterte, als sie ihm das Klassenbuch reichte, und der Vater Iltis, der sonst so streng aussah, in einem fort lächelte und sich verbeugte. Nein, was mich so bewegte, war, daß ich zum ersten Male einen Mann von Angesicht sah, der ein Buch geschrieben hatte. Sein Name – er hieß Steinert – war es, der auf dem grünen Lesebuch der Mittelstufe und auf dem gelben Lesebuch der Oberstufe stand. Und nun hatte ich den Schreiber dieser zwei Bücher, die für mich gleich nach der Bibel kamen, leibhaftig vor mir. Sein Aussehen war nicht imposant. Er war klein, hatte einen Kahlkopf, eine rote Nase, ein dickes Bäuchlein und stak in einem grauen Anzug. Für mich aber war er von einem Glorienschein umflossen, denn es war eben der Mann, der ein Buch geschrieben hatte. Es schien mir unfaßlich, daß die Lehrerin und der Lehrer mit ihm wie mit einem gewöhnlichen Menschen redeten.

Auf das erste Zusammentreffen mit einem Bücherschreiber folgte bald ein zweites, noch größeres Erlebnis. Ein Jude aus einem Nachbardorfe, Mausche genannt, der Vieh- und Länderhandel trieb, kam mit seinem Eselkarren zuweilen durch Günsbach. Da bei uns damals keine Juden wohnten, war dies jedesmal ein Ereignis für die Dorfjungen. Sie liefen ihm nach und verspotteten ihn. Um zu bekunden, daß ich anfing, mich als erwachsen zu fühlen, konnte ich nicht anders, als eines Tages auch mitzumachen, obwohl ich eigentlich nicht verstand, was das sollte. So lief ich mit den andern hinter ihm und seinem Esel

her und schrie wie sie »Mausche! Mausche!«. Die Mutigsten falteten den Zipfel ihrer Schürze oder ihrer Jacke zu einem Schweinsohr zusammen und sprangen damit bis nahe an ihn heran. So verfolgten wir ihn vors Dorf hinaus bis an die Brücke. Mausche aber, mit seinen Sommersprossen und dem grauen Bart, ging so gelassen fürbaß wie sein Esel. Nur manchmal drehte er sich um und lächelte verlegen und gütig zu uns zurück. Dieses Lächeln überwältigte mich. Von Mausche habe ich zum ersten Male gelernt, was es heißt, in Verfolgung stille schweigen. Er ist ein großer Erzieher für mich geworden. Von da an grüßte ich ihn ehrerbietig. Später, als Gymnasiast, nahm ich die Gewohnheit an, ihm die Hand zu geben und ein Stückchen Wegs mit ihm zu gehen. Aber nie hat er erfahren, was er für mich bedeutete.

Schon vor meiner Schulzeit hatte mein Vater begonnen, mich auf einem alten Tafelklavier in Musik zu unterrichten. Von Noten spielte ich nicht viel ab. Meine Freude war, zu improvisieren und Lieder und Choralmelodien mit selbst erfundener Begleitung wiederzugeben. Als nun in der Gesangstunde die

Lehrerin fortgesetzt den Choral Note für Note ohne Begleitung anschlug, empfand ich dies als nicht schön und frug sie in der Pause, warum sie ihn nicht richtig mit Begleitung spiele. Im Eifer setzte ich mich an das Harmonium und spielte ihr ihn schlecht und recht mehrstimmig aus dem Kopfe vor. Da wurde sie sehr freundlich zu mir und schaute mich merkwürdig an. Aber selber tippte sie den Choral auch weiterhin immer nur mit einem Finger. Da ging mir auf, daß ich etwas konnte, was sie nicht konnte, und ich schämte mich, ihr mein Können, das ich für etwas ganz Selbstverständliches angesehen hatte, vorgemacht zu haben.
Im übrigen war ich ein stiller und verträumter Schüler, der Lesen und Schreiben nicht ohne Mühe erlernte.

Mit neun Jahren kam ich auf die Realschule in Münster und hatte nun morgens und abends einen Weg von drei Kilometern am Berg entlang zurückzulegen. Meine Wonne war, ihn allein ohne die Kameraden, die ihn auch zu machen hatten, zu gehen und meinen Gedanken nachzuhängen. Wie habe ich in jenen Jahren auf meinen Wanderungen

Herbst, Winter, Frühjahr und Sommer erlebt! Als im Jahre 1885 in den Ferien beschlossen wurde, daß ich nach Mülhausen im Ober-Elsaß auf das Gymnasium käme, weinte ich stundenlang heimlich für mich. Es war mir, als risse man mich von der Natur los.

Der Begeisterung über die schöne Natur, wie ich sie auf meinen Wanderungen nach Münster erlebte, versuchte ich in Gedichten Luft zu machen. Aber über die zwei oder drei ersten Reime kam ich nie hinaus. Einige Male unternahm ich auch, den Berg mit der alten Burg, der der Straße gegenüberlag, abzuzeichnen. Aber auch dies mißriet. Von da an ergab ich mich darein, das Schöne rein beschaulich zu genießen, ohne es zu Kunst zu verarbeiten. Bis auf den heutigen Tag habe ich nichts mehr abzubilden und nichts mehr in Verse zu bringen versucht. Nur im Improvisieren von Musik verhielt und verhalte ich mich schöpferisch.

Bayerlein.

Die armen Tiere

Solange ich zurückblicken kann, habe ich unter dem vielen Elend, das ich in der Welt sah, gelitten. Unbefangene, jugendliche Lebensfreude habe ich eigentlich nie gekannt und glaube, daß es vielen Kindern ebenso ergeht, wenn sie auch äußerlich ganz froh und ganz sorglos scheinen.

Insbesondere litt ich darunter, daß die armen Tiere so viel Schmerz und Not auszustehen haben. Der Anblick eines alten hinkenden Pferdes, das ein Mann hinter mir herzerrte, während ein anderer mit einem Stecken auf es einschlug – es wurde nach Kolmar ins Schlachthaus getrieben –, hat mich wochenlang verfolgt.

Ganz unfaßbar erschien mir – dies war schon, ehe ich in die Schule ging –, daß ich in meinem Abendgebete nur für Menschen beten sollte. Darum, wenn meine Mutter mit mir gebetet und mir den Gutenachtkuß gegeben hatte, betete ich heimlich noch ein von mir selbst verfaßtes Zusatzgebet. Es lautete: »Lieber Gott, schütze und segne alles, was Odem hat, bewahre es vor allem Übel und laß es ruhig schlafen!«

Einen tiefen Eindruck machte mir ein Erlebnis aus meinem siebenten oder achten Jahre. Heinrich Bräsch und ich hatten uns Schleudern aus Gummischnüren gemacht, mit denen man kleine Steine schleuderte. Es war im Frühjahr, in der Passionszeit. An einem Sonntagmorgen sagte er zu mir: »Komm, jetzt gehen wir in den Rebberg und schießen Vögel.« Dieser Vorschlag war mir schrecklich, aber ich wagte nicht zu widerstehen, aus Angst, er könnte mich auslachen. So kamen wir in die Nähe eines kahlen Baumes, auf dem die Vögel, ohne sich vor uns zu fürchten, lieblich in den Morgen hinaus sangen. Sich wie ein jagender Indianer duckend, legte mein Begleiter einen Kiesel in das Leder seiner Schleuder und spannte dieselbe. Seinem gebieterischen Blick gehorchend, tat ich unter furchtbaren Gewissensbissen dasselbe, mir fest gelobend, daneben zu schießen. In demselben Augenblick fingen die Kirchenglocken an, in den Sonnenschein und in den Gesang der Vögel hineinzuläuten. Es war das »Zeichen-Läuten«, das dem Hauptläuten eine halbe Stunde voranging. Für mich war es eine Stimme aus dem Himmel. Ich tat die Schleuder weg, scheuchte die Vögel auf, daß sie wegflogen und vor der Schleuder meines Begleiters sicher waren, und floh nach Hause.

Und immer wieder, wenn die Glocken der Passionszeit in Sonnenschein und kahle Bäume hinausklingen, denke ich ergriffen und dankbar daran, wie sie mir damals das Gebot: »Du sollst nicht töten« ins Herz geläutet haben.

Die Art, wie das Gebot, daß wir nicht töten und quälen sollen, an mir arbeitete, ist das große Erlebnis meiner Kindheit und Jugend. Neben ihm verblassen alle anderen.

Einmal, ich war damals schon auf dem Gymnasium und in den Weihnachtsferien zu Hause, kutschierte ich im Schlitten. Aus dem Hause des Nachbars Löscher heraus sprang kläffend sein als böse bekannter Hund dem Pferde entgegen. Ich glaubte im Recht zu sein, ihm einen gutgezielten Peitschenschlag zu versetzen, obwohl er sichtlich nur aus Mutwillen auf den Schlitten zukam. Zu gut hatte ich gezielt. Ins Auge getroffen wälzte er sich heulend im Schnee. Seine klagende Stim-

me klang mir noch lange nach. Durch Wochen hindurch konnte ich sie nicht loswerden . . .

Aus solchen mir das Herz bewegenden und mich oft beschämenden Erlebnissen entstand in mir langsam die unerschütterliche Überzeugung, daß wir Tod und Leid über ein anderes Wesen nur bringen dürfen, wenn eine unentrinnbare Notwendigkeit dafür vorliegt, und daß wir alle das Grausige empfinden müssen, das darin liegt, daß wir aus Gedankenlosigkeit leiden machen und töten. Immer stärker hat mich diese Überzeugung beherrscht. Immer mehr wurde mir gewiß, daß wir im Grunde alle so denken und es nur nicht zu bekennen und zu bestätigen wagen, weil wir fürchten, von den andern als »sentimental« belächelt zu werden, und auch weil wir uns abstumpfen lassen. Ich aber gelobte mir, mich niemals abstumpfen zu lassen und den Vorwurf der Sentimentalität niemals zu fürchten.

Das Buch über Bach

Während ich mit der Geschichte der Leben-Jesu-Forschung beschäftigt war, vollendete ich ein französisch geschriebenes Werk über J. S. Bach.

In den Jahren 1903 und 1904 verwandte ich alle meine freie Zeit auf Bach.

Eigentlich war es ein verwegenes Unternehmen, daß ich mich daran machte, ein Buch über Bach zu schreiben. Obgleich ich in Musikgeschichte und Musiktheorie aufgrund ausgedehnter Lektüre nicht ohne Kenntnisse war, war ich doch kein Musikwissenschaftler von Fach. Mein Vorhaben ging aber auch gar nicht darauf aus, neues geschichtliches Material über Bach und seine Zeit beizubringen. Als Musiker wollte ich zu Musikern von Bachs Musik reden. Was in den bisherigen Arbeiten viel zu kurz gekommen war, die Deutung des Wesens der Bachschen Musik und die Behandlung der Fragen der sinngemäßen Art der Wiedergabe, sollte das Hauptstück der meinigen werden.

Fiel mich über den Schwierigkeiten der Arbeit die Befürchtung an, daß ich etwas über meine Kräfte Gehendes gewagt hätte, so tröstete ich mich damit, daß ich nicht für Deutschland schrieb, wo die Bachgelehrsamkeit zu Hause war, sondern für Frankreich, wo die Kunst des Thomaskantors überhaupt erst bekannt zu machen war.

Daß ich das Werk auf französisch schrieb, während ich gleichzeitig deutsche Vorlesungen und deutsche Predigten hielt, bedeutete eine Anstrengung für mich. Wohl spreche ich von Kindheit auf Französisch gleicherweise wie Deutsch. Französisch aber empfinde ich nicht als Muttersprache, obwohl ich mich von jeher für meine an meine Eltern gerichteten Briefe ausschließlich des Französischen bediente, weil dies so Brauch in der Familie war. Deutsch ist mir Muttersprache, weil der elsässische Dialekt, in dem ich sprachlich wurzle, deutsch ist.

Nach meiner Erfahrung scheint es mir eine Selbsttäuschung, wenn jemand zwei Sprachen als Muttersprache zu besitzen glaubt. Mag er sie beide in gleicher Weise zu beherrschen vermeinen, so ist es doch immer so, daß er eigentlich nur in einer denkt und nur in dieser wirklich frei und schöpferisch verfährt.

Wenn mir jemand behauptet, daß ihm zwei Sprachen absolut in derselben Weise vertraut seien, komme ich ihm alsbald mit der Frage, in welcher Sprache er zähle und rechne, in welcher er mir das Küchengeschirr und das Handwerkszeug des Schreiners und des Schmiedes am besten hersagen könne und in welcher er träume. Ich habe noch keinen gefunden, der bei dieser Probe nicht das Überwiegen der einen Sprache zugeben mußte.

Daß mein Werk auch in Deutschland als eine Bereicherung der Bachforschung Anerkennung fand, wo ich es doch nur zur Ausfüllung einer Lücke in der französischen Musikliteratur geschrieben hatte, bereitete mir Überraschung und Freude.

Als ich mich im Sommer 1906 an die Arbeit der deutschen Ausgabe des Bach machte, wurde ich bald gewahr, daß ich nicht imstande wäre, mich selber zu übersetzen, sondern mich, um etwas Befriedigendes zustande zu bringen, aufs neue in den Stoff versenken müsse. So klappte ich den französischen Bach zu und entschloß mich, den deutschen neu und besser zu schaffen. Aus dem Buche von

455 Seiten wurde zum Jammer des überraschten Verlegers eines von 844. Die deutsche Ausgabe des Bach erschien zu Beginn des Jahres 1908. Sie liegt der englischen Übersetzung zugrunde.

Der Entschluß

Am 13. Oktober 1905, einem Freitag, warf ich in Paris in einen Briefkasten der Avenue de la Grande Armée Briefe ein, in denen ich meinen Eltern und einigen meiner nächsten Bekannten mitteilte, daß ich mit Anfang des Wintersemesters Student der Medizin werden würde, um mich später als Arzt nach Äquatorialafrika zu begeben. In einem der Briefe kündigte ich im Hinblick auf die Inanspruchnahme durch das bevorstehende Studium meine Stellung als Leiter des theologischen Studienstifts zu St. Thomas.

Den Plan, den ich nun zu verwirklichen unternahm, trug ich schon länger mit mir herum. Sein Ursprung reicht in meine Studentenzeit zurück. Es kam mir unfaßlich vor, daß ich, wo ich so viele Menschen um mich herum mit Leid und Sorge ringen sah, ein glückliches Leben führen durfte. Schon auf der Schule hatte es mich bewegt, wenn ich Einblick in traurige Familienverhältnisse von Klassenkameraden gewann und die geradezu idealen, in denen wir Kinder des Pfarrhauses zu Günsbach lebten, damit verglich. Auf der

Universität mußte ich in meinem Glücke, studieren zu dürfen und in Wissenschaft und Kunst etwas leisten zu können, immer an die denken, denen materielle Umstände oder die Gesundheit solches nicht erlaubten. An einem strahlenden Sommermorgen, als ich – es war im Jahre 1896 – in Pfingstferien zu Günsbach erwachte, überfiel mich der Gedanke, daß ich dieses Glück nicht als etwas Selbstverständliches hinnehmen dürfe, sondern etwas dafür geben müsse. Indem ich mich mit ihm auseinandersetzte, wurde ich, bevor ich aufstand, in ruhigem Überlegen, während draußen die Vögel sangen, mit mir selber dahin eins, daß ich mich bis zu meinem dreißigsten Lebensjahre für berechtigt halten wollte, der Wissenschaft und der Kunst zu leben, um mich von da an einem unmittelbaren menschlichen Dienen zu weihen. Gar viel hatte mich beschäftigt, welche Bedeutung dem Worte Jesu, »Wer sein Leben will behalten, der wird es verlieren, und wer sein Leben verliert um meinet- und des Evangeliums willen, der wird es behalten«, für mich zukomme. Jetzt war sie gefunden. Zu dem äußeren Glücke besaß ich nun das innerliche.

Welcher Art das für später geplante Wirken sein würde, war mir damals noch nicht klar. Fest stand mir nur, daß es ein unmittelbar menschliches, wenn auch noch so unscheinbares Dienen sein müsse.

Zunächst dachte ich natürlich an eine Tätigkeit in Europa.

. . .

Eines Morgens, im Herbst 1904, fand ich auf meinem Schreibtisch im Thomasstift eines der grünen Hefte, in denen die Pariser Missionsgesellschaft allmonatlich über ihre Tätigkeit berichtete. Mechanisch schlug ich dies am Abend zuvor in meiner Abwesenheit auf meinen Tisch gelegte Heft auf, während ich es, um alsbald an meine Arbeit zu gehen, beiseite legte. Da fiel mein Blick auf einen Artikel mit der Überschrift: »Les besoins de la Mission du Congo« (Was der Kongo-Mission not tut). Er war von Alfred Boegner, dem Leiter der Pariser Missionsgesellschaft, einem Elsässer, und enthielt die Klage, daß es der Mission an Leuten fehle, um ihr Werk in Gabun, der nördlichen Provinz der Kongokolonie, zu betreiben. Zugleich sprach er die Hoffnung aus, daß dieser Appell solche, »auf denen bereits der Blick des Meisters ruhe«, zum Entschluß bringe, sich für diese dringende Arbeit anzubieten. Der Schluß lautete: »Menschen, die auf den Wink des Meisters einfach mit : Herr, ich mache mich auf den Weg, antworten, dieser bedarf die Kirche.«

Als ich mit dem Lesen fertig war, nahm ich ruhig meine Arbeit vor. Das Suchen hatte ein Ende.

Als Mann der individuellen Tat bin ich seither von vielen Menschen, die sie ebenfalls wagen wollten, um Meinung und Rat angegangen worden. Nur in verhältnismäßig wenigen Fällen habe ich die Verantwortung, sie ohne weiteres dazu zu ermutigen, auf mich genommen. Oft mußte ich feststellen, daß das Bedürfnis, »etwas Besonderes zu tun«, einem unsteten Geiste entsprang. Die Betreffenden wollten sich größeren Aufgaben widmen, weil diejenigen, vor die sie sich gestellt sahen, ihnen nicht genügten. Nur derjenige, der jeder Tätigkeit einen Wert abgewinnen kann und der sich jeder mit vollem Pflichtbewußtsein hingibt, hat das innerliche Recht dazu, sich ein außerordentliches Tun statt des ihm natürlich zufallenden zum Ziel zu setzen. Nur

derjenige, der sein Vorhaben als etwas Selbstverständliches, nicht als etwas Außergewöhnliches empfindet und der kein Heldentum, sondern nur in nüchternem Enthusiasmus übernommene Pflicht kennt, besitzt die Fähigkeit, ein geistiger Abenteurer zu sein, wie sie die Welt nötig hat. Es gibt keine Helden der Tat, sondern nur Helden des Verzichtens und des Leidens. Ihrer sind viele. Aber wenige von ihnen sind bekannt, und auch diese nicht der Menge, sondern nur den Wenigen.

Ehrfurcht vor dem Leben

Gut ist, Leben erhalten und Leben fördern; böse ist, Leben vernichten und Leben hemmen.

Wahrhaft ethisch ist der Mensch nur, wenn er der Nötigung gehorcht, allem Leben, dem er beistehen kann, zu helfen, und sich scheut, irgend etwas Lebendigem Schaden zu tun. Er fragt nicht, inwiefern dieses oder jenes Leben als wertvoll Anteilnahme verdient, und auch nicht, ob und inwieweit es noch empfindungsfähig ist. Das Leben als solches ist ihm heilig. Er reißt kein Blatt vom Baume ab, bricht keine Blume und hat acht, daß er kein Insekt zertritt. Wenn er im Sommer nachts bei der Lampe arbeitet, hält er lieber das Fenster geschlossen und atmet dumpfe Luft, als daß er Insekt um Insekt mit versengten Flügeln auf seinen Tisch fallen sieht.

Geht er nach dem Regen auf der Straße und erblickt den Regenwurm, der sich darauf verirrt hat, so bedenkt er, daß er in der Sonne vertrocknen muß, wenn er nicht rechtzeitig auf Erde kommt, in der er sich verkriechen kann, und befördert ihn von dem todbringenden Steinigen hinunter ins Gras. Kommt er an einem Insekt vorbei, das in einen Tümpel gefallen ist, so nimmt er sich die Zeit, ihm ein Blatt oder einen Halm zur Rettung hinzuhalten.

Er fürchtet sich nicht, als sentimental belächelt zu werden. Es ist das Schicksal jeder Wahrheit, vor ihrer Anerkennung ein Gegenstand des Lächelns zu sein.

Ethik ist ins Grenzenlose erweiterte Verantwortung gegen alles, was lebt.

Wo ich irgendwelches Leben schädige, muß ich mir darüber klar sein, ob es notwendig ist. Über das Unvermeidliche darf ich in nichts hinausgehen, auch nicht in scheinbar Unbedeutendem. Der Landmann, der auf seiner Wiese tausend Blumen zur Nahrung für seine Kühe hingemäht hat, soll sich hüten, auf dem Heimweg in geistlosem Zeitvertreib eine Blume am Rande der Landstraße zu köpfen, denn damit vergeht er sich an Leben, ohne unter der Gewalt der Notwendigkeit zu stehen.

Diejenigen, die an Tieren Operationen oder Medikamente versuchen oder ihnen Krankheiten einimpfen, um mit den gewon-

nenen Resultaten Menschen Hilfe bringen zu können, dürfen sich nie allgemein dabei beruhigen, daß ihr grausames Tun einen wertvollen Zweck verfolge. In jedem einzelnen Falle müssen sie erwogen haben, ob wirklich Notwendigkeit vorliegt, einem Tier dieses Opfer für die Menschheit aufzuerlegen. Und ängstlich müssen sie darum besorgt sein, das Weh, soviel sie nur können, zu mildern. Gerade dadurch, daß das Tier als Versuchstier in seinem Schmerze so Wertvolles für den leidenden Menschen erworben hat, ist ein neues, einzigartiges Solidaritätsverhältnis zwischen ihm und uns geschaffen worden. Ein Zwang, aller Kreatur alles irgend mögliche Gute anzutun, ergibt sich daraus für jeden von uns. Indem ich einem Insekt aus seiner Not helfe, tue ich nichts anderes, als daß ich versuche, etwas von der immer neuen Schuld der Menschen an die Kreatur abzutragen. Wo irgendwie das Tier zum Dienst des Menschen gezwungen wird, muß jeder von uns mit den Leiden beschäftigt sein, die es um dessentwillen zu tragen hat.

Ojembo, der Urwaldschulmeister

Als ich das erstemal in Lambarene war, wirkte dort auf der Missionsstation ein schwarzer, etwa dreißig Jahre alter Lehrer namens Ojembo. Ojembo heißt »das Lied«.

Nie hat wohl jemand einen so schönen Namen besser getragen als dieser schwarze Lehrer. Gleich fühlte ich mich zu dem klugen, gütigen und bescheidenen Menschen hingezogen. Er hatte etwas so Feines an sich, daß man sich in seiner Gegenwart fast eingeschüchtert fühlte.

Seine Frau war ebenfalls lieb und tüchtig. Und wie wohlerzogen waren die drei kleinen Negerlein, die die Bambushütte, die dem Lehrer als Amtswohnung diente, bevölkerten!

Ojembo war der Übersetzer meiner Predigten im Gottesdienst. Am Samstagabend kam er, um mit mir zu proben. Da mußte ich ihm Satz für Satz die ganze Predigt hersagen, ob keine ihm unbekannten oder in die Negersprache nicht übertragbaren Worte darin vorkämen. Wie hat man sich zu hüten, hier in der Predigt von Dingen zu reden, unter denen die Schwarzen sich nichts vorstellen können! Eine Reihe von Gleichnissen Jesu muß man außer Betracht lassen oder umschreiben, weil die Schwarzen des Ogowe nicht wissen, was ein Weinstock oder ein Getreidefeld ist.

Gegen Ende des Krieges, als die Mission in Geldnöte kam und die Gehälter der Angestellten draußen kürzen mußte, gab Ojembo seine Lehrstelle auf, um in sein an einem abgelegenen See im Urwald liegendes Dorf zu ziehen. Mit seiner mageren Bezahlung hatte er schon vorher Mühe gehabt, sich und die Seinen durchzubringen. Nun galt es zu verdienen, um die Familie zu erhalten. Er gedachte, eine Pflanzung anzulegen.

Als ich 1924 wieder nach Afrika kam, traf ich an der Küste mit Ojembo zusammen. Er hatte mit Männern aus seinem Dorfe eben ein mächtiges Floß den Ogowe heruntergebracht und strich von der holländischen Firma, der er es verkaufte, ein schönes Geld dafür ein.

»Ojembo, du hast dich gemacht«, sagte ich. »Jetzt bist du im Holzhandel und auf dem besten Wege, ein reicher Mann zu werden.« »Es geht mir nicht schlecht«, antwortete er in seiner schlichten Art.

Kaum, daß ich ihn noch nach Frau und

Kindern fragen konnte, mußte er wieder fort, um bei der Ablieferung und der Nachmessung des Floßes dabeizusein. Ich selber mußte zur Verzollung meiner Kisten gehen.

Eigentlich war es mir ganz recht, daß wir nicht viel miteinander reden konnten. Ojembo, der Holzhändler, war für mich ja nicht mehr derselbe wie Ojembo, der Lehrer.

Gerade auf ihn hatten wir alle so große Hoffnungen für die Erziehung der schwarzen Jugend gesetzt. Von ihm hatten wir erwartet, daß er seinen Altersgenossen, die alle so aufs Geldverdienen aus waren, zeigen würde, daß es noch etwas Höheres gäbe: ein wertvolles Wirken. Die andern, die mit ihm auf der höheren Schule der Mission gewesen waren und in jenen Jahren die Prüfung bestanden hatten, hatten es verschmäht, Schulmeister zu werden. Sich mit einem armseligen Gehalt durchs Leben zu schlagen und von morgens bis abends mit widerspenstigen Negerbuben zu tun zu haben war ihnen nicht verlockend erschienen. Wohl wußten sie, wie groß der Mangel an eingeborenen Lehrern war; wohl baten die Missionare, sie möchten doch das, was sie an ihren heranwachsenden Landsleuten Gutes tun könnten, höher stellen als Geldverdienen. Jeder hatte eine andere Ausrede, warum er jetzt vor allem daran denken müsse, sich mit den auf der höheren Schule der Mission erworbenen Kenntnissen als Schreiber bei der Regierung oder im Holzhandel eine einträglichere Stellung zu erwerben. Der eine mußte die Schulden seines Bruders bezahlen; der andere hatte selber Schulden; ein dritter wollte sich eine Frau kaufen; ein vierter brauchte Geld zur Anlage einer Pflanzung.

Nur Ojembo hatte das schlecht bezahlte und schwere Wirken als Erzieher statt des Geldverdienens gewählt. Und nun war – durch die Schuld des Krieges – auch Ojembo zuletzt in den Holzhandel gekommen und darin geblieben. Ich machte ihm keine Vorwürfe, aber ich trauerte um ihn.

Längere Zeit trug ich die Sache mit mir herum. Die Missionare in Lambarene mochte ich nicht nach Ojembo fragen, um Näheres über ihn zu hören. Aber jedesmal, wenn ich an der Hütte bei der Knabenschule vorbeiging, aus der er so manchmal auf mich zugekommen war und mit mir geplaudert hatte, gab es mir einen Stich durchs Herz.

Eines Tages aber kam unter den Missonaren in meiner Gegenwart die Rede auf Ojembo. »Ach«, sagte ich, »auch einer, der an den Holzhandel verlorengegangen ist. Um den tut es mir mehr leid als um alle andern zusammen.«

»An den Holzhandel verlorengegangen?« sagte ein Missionar. »Wie meinen Sie das?«

»Nun ja«, sagte ich, »ich habe ihn doch in Kap Lopez angetroffen, wie er ein großes Floß, das er mit den Leuten seines Dorfes geschlagen hatte, ablieferte. Und er hat mir selbst gesagt, er sei jetzt im Holzhandel.«

»Ja«, sagte der Missionar, »er ist im Holzhandel; aber dem Lehrerberuf ist er darum nicht verlorengegangen. Er entfaltet jetzt eine viel größere erzieherische Tätigkeit, als da Sie ihn in Lambarene kannten.«

Nun erfuhr ich folgendes: Als Ojembo in sein Dorf ging, brachte er die Leute des Dorfes dazu, daß sie miteinander ein großes Stück Wald rodeten, um eine große Pflanzung von Bananen und Maniok anzulegen. Das Fällen des Urwaldes ist eine so beschwerliche Arbeit, daß die Schwarzen gewöhnlich nur gerade so viel Land urbar machen, wie sie

brauchen, um nicht ganz zu verhungern. Darum ist in jenen Gegenden nicht selten Hungersnot.

Oft muß die Regierung schwarze Soldaten ins Dorf legen, um die Leute zu zwingen, genügend Wald zu Pflanzungen umzuhauen.

In seinem Dorfe setzte es Ojembo aber durch, daß die Leute bei der schweren Arbeit des Fällens der Riesenbäume aushielten und Platz für eine große Pflanzung schufen. Die Pflanzung fing an zu tragen, als der Krieg zu Ende war und der Holzhandel wieder in Gang kam. Da hatte das Dorf nicht nur reichlich Lebensmittel für sich selbst, sondern es konnte den Holzhändlern für ihre zahlreichen Arbeiter Bananen und Maniok liefern. So wurden die Leute durch Ojembo zur zielvollen Arbeit angehalten und kamen zum Wohlstand.

Als so für des Lebens Unterhalt gesorgt war, gründete Ojembo in dem Dorfe eine Schule. Er dachte nicht daran, die Regierung oder die Mission zu diesem Zwecke um einen Zuschuß anzugehen. Er selber hatte ja jetzt zu leben. Die Kinder aber, die in die Schule kamen, konnten sich ihre Nahrung und das

Geld für die Bücher verdienen, indem sie in der freien Zeit in der großen Pflanzung arbeiteten. Denn die Pflanzung wurde stetig unterhalten und stetig vergrößert. Neben den Bananen und dem Maniok wurde auch Kaffee und Kakao gebaut.

So entstand in jener abgelegenen Gegend eine blühende Schule. Daneben war Ojembo Evangelist. Am Sonntag hielt er Gottesdienst.

Ojembo war aber nicht nur der Erzieher der Kleinen, sondern auch der Großen. Er brachte sie dazu, daß sie das Dorf neu aufbauten. Gewöhnlich wohnen die Schwarzen in ihren Bambushütten, bis diese ihnen verfault über dem Kopfe zusammenbrechen. Dann sammeln sie in der Eile die nötigsten Materialien, um schnell wieder eine Hütte zu errichten. Um möglichst wenig Arbeit zu haben, machen sie sie möglichst klein. Ojembo aber brachte sie dazu, auch hierin richtige Arbeit zu leisten. Im Laufe der Monate entstand ein Dorf aus gediegenen und geräumigen Hütten.

Schon von weitem, so erfuhr ich, unterscheidet sich dieses Dorf von den andern. Ein gewöhnliches Negerdorf im Urwald sieht man erst, wenn man darin steht. Das Dickicht reicht bis an die Hütten. Es ist ja schon eine große Arbeit, den Wald um das Dorf herum freizulegen. Da begnügen sich die Leute dann gewöhnlich damit, die Bäume im Umkreis von einigen Metern umzuhauen, statt einen weiten freien Platz zu schaffen.

Nachher kommt aber die noch viel größere Arbeit, das Gebüsch und das Elefantengras, die nun ständig an Stelle des niedergelegten Waldes wieder emporwachsen, regelmäßig abzuhauen. Jeden Monat muß die Arbeit unternommen werden. Wie bald bekommen die Leute diese uneinträgliche Mühe satt! Sie lassen um das Dorf herum wuchern, was da wuchern will, unbekümmert darum, daß diese dichte Wildnis jeden Luftzug von den Wohnungen abhält und daß die in dem Gebüsch und dem hohen Gras hausenden Stechmücken den Bewohnern des Dorfes das gefährliche Sumpffieber bringen.

Durch die Autorität, die er nach und nach über die Leute erworben hatte, brachte Ojembo es fertig, daß um das Dorf am See ein großer freier Platz entstand.

An Widersachern hat es diesem Oberlin im Urwalde natürlich nicht gefehlt. Die trägen

Menschen lehnten sich gegen ihn auf. Selbst die Verleumdung ging um, daß er das Dorf zur Arbeit anhielte, um sich selber dadurch zu bereichern.

Aber Ojembo wurde seiner Widersacher Herr. Nicht daß er sie machtvoll bei den Dorfversammlungen niedergeredet hätte. Rednergabe ist ihm nicht verliehen. Er siegte durch die Lauterkeit und Güte seines Wesens.

Als der Holzhandel wieder in Blüte kam, regte Ojembo an, daß die Männer des Dorfes sich unter seiner Leitung zur Betätigung im Holzhandel zusammentun sollten. Schon in früheren Zeiten hatten sie zusammen Holz geschlagen. Aber es war immer ein unordentlicher Betrieb gewesen. Niemand hatte gehorcht. Wenn es galt, die Bäume zu fällen und zu zerlegen, ins Wasser zu rollen und in Flöße zu binden, war gar mancher unter den mannigfachsten Vorwänden von der Arbeit gewichen. Vielen war es nur darauf angekommen, an dem Vorschuß beteiligt zu sein, den der weiße Holzhändler für die versprochenen Flöße zahlen mußte. Ob die Lieferung nachher auch richtig erfolgte, kümmerte sie nicht.

So blieb das Holz manchmal im Walde liegen und verdarb, weil es nicht rechtzeitig in den Fluß geschafft worden war. Wurden aber Flöße abgeliefert, so entstanden immer Händel, wie das erlöste Geld zu verteilen sei.

Unter Ojembos Leitung wurde alles anders. Die Arbeit wurde organisiert. Es wurde Buch geführt über die geleisteten Arbeitstage und über die Ausgaben und Einnahmen. Jeder war sicher, daß er im Verhältnis zu seiner Leistung bezahlt würde. An Stelle der Unordnung trat Ordnung. Es wurde viel mehr geleistet und viel mehr verdient.

Kurze Zeit, nachdem ich so von der erzieherischen Tätigkeit Ojembos gehört hatte, kam er mich im Spital begrüßen. Nun war er wieder der alte Ojembo für mich. Ich drückte ihm meine Freude über sein Wirken aus und hätte gerne mehr darüber aus seinem Munde erfahren. Aber es war nichts aus ihm herauszubringen. Er scheute sich, von sich selbst zu reden.

Meinen Plan, ihn in seinem an die 150 Kilometer von Lambarene entfernten Dorfe aufzusuchen, konnte ich nicht ausführen, weil ich durch die Verlegung des Spitals auf einen größeren Platz zu sehr in Anspruch genommen war.

Daß aber die Stadt, die auf dem Berge liegt, nach dem Worte unseres Herrn nicht verborgen bleiben kann, erfuhr ich 1927 auf dem Schiff während der Heimfahrt. Saßen wir da, einige Holzhändler, ein Missionar und ich, zusammen und sprachen von dem, was wir am Ogowe erlebt hatten. Die Holzhändler waren unerschöpflich in Geschichten von Vorschüssen, die sie an Schwarze gegeben hatten, ohne das versprochene Holz geliefert zu bekommen, von Flößen, die sie gekauft hatten, um nachher zu erfahren, daß man sie gleichzeitig an den Konkurrenten verkauft und von beiden das Geld eingesteckt hatte, von schlechtem Holze, das sie an Stelle des ausgemachten guten erhalten hatten. »Aber«, unterbrach einer von ihnen diese Ergüsse, »sie sind doch nicht alle so. Einen wenigstens habe ich kennengelernt, auf den absolut Verlaß ist. Er wohnt in der Gegen der N'Komi. Wenn Sie zu dem kommen und einen Lieferungsvertrag abschließen, sind Sie sicher, daß Sie das Holz in der bedungenen Qualität und zur rechten Zeit bekommen. Und während

die Schwarzen sonst Vorschüsse über Vorschüsse von einem erpressen wollen, weist dieser die angebotenen Vorschüsse sogar zurück. Ich habe gemeint, nicht recht gehört zu haben, wie er mir sagte, daß ich vor erfolgter Lieferung nichts zu zahlen habe.«

»Und dieser Schwarze heißt Ojembo«, sagte der Missionar. »Ja, so heißt er«, antwortete der Weiße.

»Von diesem Ojembo kann auch ich eine Geschichte erzählen«, fiel da ein anderer Holzhändler ein. »Auf jenem See wurde ich in einem Flachboote angesichts eines Dorfes plötzlich von einem Sturm überfallen. Der Wind war gegen uns. Wir begannen die Hoffnung, den Strand zu erreichen, aufzugeben. Es war nur noch eine Frage der Zeit, wann unser Fahrzeug, das sich schon mit Wasser füllte, von den Wellen zum Kentern gebracht werden würde. Von den Eingeborenen, die bei uns waren, konnten die meisten nicht schwimmen, weil sie aus dem Innern stammten. Auf das Dorf setzte ich gar keine Hoffnung. Die Schwarzen sind ja nicht leicht gewillt, ihr Leben für andere aufs Spiel zu setzen. Und wie sollten sie uns auch helfen?

Nur mit einem großen Kielboote hätte man sich auf den wilden See wagen dürfen. Heute besitzen die Schwarzen ja keine solchen Boote mehr. Sie wenden die Mühe nicht auf, sie zu zimmern. Da sehe ich durch den sintflutartigen Regen hindurch, wie ein mächtiges Boot vom Lande abstößt und auf uns zuhält. Es erreicht uns, als wir gerade zu sinken begannen. Die Leute begnügen sich nicht damit, uns zu retten, sondern sie fischen auch meine Kisten auf. Im Dorfe bekommen wir trockene Sachen, werden gut untergebracht und gut genährt. Der Anführer, in dessen Hütte ich mich befinde, läßt die Kisten herbeischaffen und öffnet sie, um die darin befindlichen Sachen zu trocknen. Habt Ihr schon so etwas in Afrika erlebt? Am andern Morgen, wie ich meine Sachen zusammensuche, fehlt auch nicht ein Stück. Auch das habt Ihr in Afrika noch nicht erlebt. Jetzt aber kommt das Beste! Wie ich mich verabschiede und bedanke, um in meinem Boot, das die Schwarzen nach dem Sturme geborgen hatten, weiterzufahren, frage ich den Anführer, wieviel ich den Leuten des Dorfes für ihre Mühe schulde. Darauf sagt dieser, sie hätten nur ihre Menschen- und Christenpflicht getan und wollten keine Geschenke dafür. Dies ist mein Erlebnis mit Ojembo.«

So ist Ojembo der Erzieher seines Dorfes geworden. Sein Einfluß reicht weit darüber hinaus.